Christoph Schweiger

Wein im Mittelalter

**Eine Einführung mit alten
und neuen Rezepten**

Bibliografische Information der Deutschen Nationalbibliothek: Die Deutsche Nationalbibliothek verzeichnet diese Publikation in der Deutschen Nationalbibliografie; detaillierte bibliografische Daten sind im Internet über http://dnb.dnb.de abrufbar.

1. Auflage Januar 2017
2. überarbeitete Auflage März 2018

© *2018 Christoph Schweiger, MA*

Herstellung und Verlag:
BoD – Books on Demand, Norderstedt

ISBN: 978-3-7431-4346-3

Inhalt

Vorwort 7

Wein im Mittelalter 9

   Wein - Ein Elixier der Unsterblichkeit? 11

   Weinbau und Weinhandel 12

   Heilende Gewürzweine 22

Klassische Rezepte 25

Moderne Cocktailvariationen 41

Literaturverzeichnis 52

Vorwort

Die Beschäftigung mit den kulinarischen Gepflogenheiten weit zurückliegender Epochen ist keineswegs ein neues Feld der Geschichtswissenschaft, wie zahlreiche Publikationen über historische Essgewohnheiten und Rezepte belegen. Auch dieses Buch reiht sich in die Liste dieser Abhandlungen ein. Im Unterschied zu anderen Büchern dieser Art soll hier jedoch der Versuch unternommen werden, eine Brücke zwischen alten und neuen Rezepten zu bauen und einen kulinarischen Dialog zwischen dem Mittelalter und der Gegenwart zu führen. Daher soll hier nicht nur das Repertoire mittelalterlicher Weine im Vordergrund stehen, sondern auch moderne Abwandlungen derselben vorgestellt werden. In diesem kleinen Buch möchte ich keine neuen Forschungsergebnisse präsentieren, sondern vielmehr das allgemeine Interesse an diesem speziellen Thema wecken und zum Experimentieren motivieren.

„Vom Urbeginn der Zeit ist dem Wein eine Kraft beigegeben, um den schattigen Weg der Wahrheit zu erhellen"

- Dante Alighieri -

I.
Wein im Mittelalter

Wein - Ein Elixier der Unsterblichkeit?

Schon in den frühen Hochkulturen wurde dem Wein besondere Verehrung zuteil, galt er doch als ein Elixier des Lebens und der Unsterblichkeit. Im Alten Ägypten galt Osiris, der Gott der Vegetation, gleichzeitig auch als Gott des Weines. Wein wurde vielerorts auch in symbolischen Zusammenhang mit Blut gebracht, weshalb er auch in verschiedenen Riten des Totenkults eine entscheidende Bedeutung erhielt. Auf Kreta war es beispielsweise üblich, Verstorbene mit warmem Wein zu reinigen.

Die antiken Griechen und Römer verehrten den Gott des Weines Dionysos bzw. Bacchus auch als Gottheit der Freude, der Fruchtbarkeit und der Ekstase. Die exzessiven Orgien des Bacchus symbolisierten den Kampf des Menschen gegen den Abgrund des Todes, aus dem man, gleichsam wie aus der Trunkenheit, wiedererwachen wollte. Auch im antiken Mithraskult stellte Wein eine Verbindung zwischen Leben und Tod her.

Auch auf antiken Münzen sind oftmals Weinmotive abgebildet, die den Wohlstand und die Fruchtbarkeit des jeweiligen Volkes symbolisieren sollten.

In der Bibel spielt Wein ebenfalls eine wichtige Rolle. Er gilt als Zeichen der Lebensfreude und wird von Gott selbst erschaffen, um die Menschen zu erfreuen. Im Alten Testament ist der Wein mit der göttlichen Weisheit verbunden, während ihm im Neuen Testament u.a. beim letzten Abendmahl eine existenzielle Bedeutung als Blut Christi zukommt.

Weinbau und Weinhandel

Wein wurde bereits in der Antike als wichtiges Handelsgut behandelt und war im gesamten Imperium Romanum verbreitet. Wann sich der Weinbau nördlich der Alpen ausbreitete, ist jedoch schwer festzustellen. Archäologische Funde weisen darauf hin, dass bereits zu Zeiten der alten Römer westlich des Rheins Wein kultiviert wurde. Neben dem römischen Reich war es vor allem die Ausbreitung des Christentums, die den Rebbau in Mitteleuropa vorantrieb. Da Wein für die christliche Liturgie und die biblische Symbolik einen wichtigen Bestandteil darstellte, fand der Wein parallel zum neuen Glauben eine weiträumige Ausbreitung. Wein war von jeher ein wichtiges Element für unterschiedliche rituelle Handlungen des christlichen Abendlandes.

So wurde er nicht nur beim Messopfer verwendet, sondern wurde beispielsweise auch bei der Trauzeremonie oder bei erfolgreichen geschäftlichen Vereinbarungen ausgeschenkt. In manchen Regionen jenseits des Limes wurde Wein wohl schon angebaut, bevor das Christentum nach Germanien gelangte. Er war ein bedeutendes repräsentatives Gut der Oberschicht und sollte es auch im Mittelalter und der Neuzeit bleiben.

Durch die Gründung von Klöstern und der Erschließung neuer Siedlungsgebiete wurde der Wein schließlich in all jene Regionen Europas gebracht, in denen der Anbau aus klimatischer Sicht sinnvoll bzw. möglich erschien. Da das europäische Klima um die Jahrtausendwende günstig für den Rebenanbau war, verbreitete sich Wein mit einer derart rasanten Geschwindigkeit, wie sie bei keiner anderen Anbaupflanze auch nur ansatzweise feststellbar ist. Angebaut wurde in der Regel für den regionalen (meist klerikalen) Eigenbedarf.

Generell war die Zeit des frühen Mittelalters die Phase der größten räumlichen Ausbreitung des Rebbaus in Europa. Im heutigen Österreich und in den Gebieten östlich des Rheins wurde der Ausbau neuer Anbauflächen sogar bis ins 16. Jahrhundert ausgeweitet. In anderen Gebieten ging der Anbau zu dieser Zeit hingegen schon wieder zurück, so beispielsweise im heutigen Belgien, aber auch in den nördlichen Regionen des heutigen Deutschland. Grund hierfür war einerseits die Reformation, andererseits die zunehmende Ausbreitung des Bieres. Da Hopfenbier wesentlich billiger war wurde es schnell zu einem ernsthaften Konkurrenzprodukt zu Wein, was für viele Anbaugebiete große Einbußen und rückläufige Umsätze mit sich brachte. Viele Städte versuchten diesem Umstand mit Vergünstigungen und Schutzmaßnahmen entgegen zu wirken. Auch das Bemühen um bessere Qualität bei der Herstellung lässt sich im späten Mittelalter zunehmend nachweisen, wenngleich die Qualität mittelalterlicher Weine im Vergleich zu heutigen Standards als minderer betrachtet werden muss.

Dies soll jedoch keineswegs heißen, dass der mittelalterliche Mensch nichts von Wein verstand. Auch im Mittelalter unterschied man bereits zwischen guten und minderen Weinsorten. In spätmittelalterlichen Quellen wird u.a. zwischen Ritterwein, gutem Wein, altem Wein, gutem jungen Wein, jungem Wein, Dienerwein und Füllwein unterschieden. Auch die Zahl der bekannten Sorten war in der damaligen Zeit bereits enorm. Bereits der römische Gelehrte Plinius der Ältere überliefert in seiner *„Naturalis historia"* rund 150 verschiedene Weinsorten. Die bevorzugten Weinsorten änderten sich im mittelalterlichen Europa mehrmals. Im Frühmittelalter wurde Rotwein bevorzugt konsumiert, wie es auch in der Antike der Fall gewesen war. Im Hochmittelalter ging der allgemeine Geschmack eher in Richtung saurer und leichter Weißweine. Im Spätmittelalter wurden die Weine zunehmend stärker, weshalb sich in dieser Zeit die Gewohnheit einbürgerte, Wasser zum Wein zu servieren.

Weine aus Anbaugebieten nördlich der Alpen wurden meist kurz nach der Ernte verkauft, da die Lagerkapazitäten gering waren. Der Wein wurde demnach sehr jung getrunken. Die teuersten Sorten wurden aus dem Süden, aus Italien, Spanien und Griechenland, importiert. Diese waren alkoholreicher, lagerfähiger und zudem wesentlich besser für den Transport geeignet, als nördliche Weine. Ebenfalls zur gehobenen Preisklasse zählten Weine aus dem Burgund und dem Rheinland. Am günstigsten waren selbstverständlich Weine aus der unmittelbaren Umgebung.

Die Weinhändler hatten im Mittelalter mit enormen Herausforderungen beim Transport zu kämpfen. Zunächst war die allgemeine Verkehrssituation der Zeit schwierig. Insbesondere in den Wintermonaten war der Transport zu Lande mühsam, da die hierfür genutzten Ochsenkarren auf den morastigen Wegen nur mühsam vorankamen.

Dazu kamen noch zahlreiche Wegzölle, die auf den Handelsrouten in regelmäßigen Abständen entrichtet werden mussten. Auch Wegelagerer und Räuber waren eine ständige Bedrohung für Reisende, insbesondere für Händler. Diese häufig auftretenden Schwierigkeiten führten dazu, dass meist nur die teuersten Weine über weite Entfernungen transportiert wurden, da nur hier die Kosten gedeckt wurden und das Risiko eingegangen werden konnte. Für das 14. Jahrhundert ist feststellbar, dass sich beispielsweise der Preis für griechischen Wein, der in Venedig verschifft wurde, danach auf dem Flussweg nach Bologna (ca. 150 km) weiter transportiert wurde und von dort wiederum auf dem Landweg bis Imola (weitere 40 km) befördert wurde am Ende sogar versechsfachte.

Trotz der hohen Kosten für den Transport wurde der Fernhandel mit Wein in Europa bereits im frühen Mittelalter entwickelt. Der Weinhandel war schon im späten 10. Jahrhundert nicht mehr nur auf regionale Märkte begrenzt, sondern wurde zunehmend Gegenstand des Fernhandels.

Zahlreiche Weinbaugebiete im Süden verfügten über Besitzer aus weit entfernten nördlichen Regionen Europas, in denen aus klimatischen Gründen kein Wein angebaut werden konnte. Hier wurden teilweise enorme Distanzen überwunden, um den

Grundherrn mit Wein zu beliefern. Ab dem frühen 11. Jahrhundert waren vor allem die Friesen im Weinhandel tätig. Sie kauften ihre Ware hauptsächlich im Rheinland, um sie anschließend in Skandinavien zu verkaufen. Auch jüdische Händler wurden in dieser Zeit für den Fernhandel mit Wein immer bedeutender.

Neben den Transportkosten war natürlich auch die Qualität für den Preis eines Weines ausschlaggebend. Wenngleich man im Mittelalter nicht zwischen besonderen Jahrgängen unterschied, so wurden doch manche Weinbaugebiete von Liebhabern für ihre Qualität geschätzt. Auch die Pressart war ein entscheidendes Qualitätskriterium. Weine, die mit den Füßen gekeltert wurden, galten als die besten und edelsten Sorten, während reines Auspressen mitsamt den Stielen lediglich minderen Wein hervorbrachte. Dieser dickflüssige und dunkle Wein war meist auch dementsprechend billiger und damit bei der Unterschicht sehr verbreitet.

Während Wein in den großen Anbauregionen als alltägliches Nahrungsmittel diente, war er außerhalb dieser Gegenden ein mitunter teures Luxusgut. Doch selbst in den Weinbauzentren musste sich die Unterschicht meistens mit minderen Weinsorten aus der zweiten oder sogar dritten Pressung zufrieden geben (dem so genannten

„Nachwein"), oft auch nur mit dem aus Weinhefe hergestellten Hefewein. Die Qualitätsweine der ersten Pressung („Muttertropfen") waren hauptsächlich für die adelige und klerikale Oberschicht bzw. für den Fernhandel vorgesehen und für einen Angehörigen der unteren Bevölkerungsschichten grundsätzlich unbezahlbar. Obwohl man vielerorts versuchte, den Weinpreis möglichst niedrig zu halten, um einer breiteren Masse den Zugang zu ermöglichen, musste das gemeine Volk dennoch oft auf billigere Alternativen, wie dem bereits erwähnten Hopfenbier, zurückgreifen.

Der mittelalterliche Verbrauch von Wein dürfte je nach Region und Standeszugehörigkeit zwischen ein und drei Liter pro Tag und Person gelegen haben. In den Städten Italiens kann man im 14. Jahrhundert von einem Konsum von ca. 2,2 Liter Wein am Tag ausgehen, während in manchen Regionen Südfrankreichs täglich sogar 2,5 Liter Wein getrunken wurden. Ein wesentlich geringerer Verbrauch pro Kopf ist hingegen für den oberdeutschen Raum feststellbar. Hier wird der Tageskonsum auf 1,2 Liter Wein geschätzt. Diese teils enormen Mengen mögen aus heutiger Sicht erstaunen, lassen sich aber leicht erklären, wenn man bedenkt, dass die Weinsorten im Mittelalter in der Regel wesentlich schwächer waren als heute (ungefähr fünf Volumenprozent) und üblicherweise nur mit Wasser verdünnt getrunken wurden.

Gleichzeitig zu den Bevölkerungszahlen nahm auch der allgemeine Weinkonsum um das Jahr 1300 zu. Durch die Einführung des ertragreicheren Terrassenanbaus konnte auf diese neue Situation reagiert werden. Der Deutsche Orden und auch die Zisterzienser bemühten sich daher im Spätmittelalter besonders, funktionierende Handelsnetze durch ganz Europa aufzubauen und so an der wachsenden Nachfrage der Menschen zu verdienen. Da klerikale Institutionen meist von den üblichen Abgaben und Zöllen befreit waren, war der Weinhandel für Klöster enorm profitabel. Doch auch für die immer stärker werdenden Städte war Wein eine wichtige Grundlage für wirtschaftliches Wachstum. Selbst Städte, die nicht direkt in den Weinhandel eingebunden waren, konnten ihre Kassen durch Weinakzisen (Verbrauchssteuern) füllen. Nicht selten machten diese Einnahmen einen bedeutenden Teil des Finanzhaushaltes einer Stadt aus.

Bedeutende Weinhandelsplätze befanden sich u.a. in Köln („das Weinhaus der Hanse"), Wien, Straßburg, Ulm, Frankfurt am Main, Bordeaux, Bremen, Hamburg und Lübeck. Venedig war der wichtigste Umschlagplatz für mediterrane Weine. Für viele dieser Städte war das so genannte „Stapelrecht" ein entscheidender Vorteil. Durch dieses Recht konnten die Städte bestimmen, dass fahrende Händler ihre Waren für einen bestimmten Zeitraum auf dem städtischen Stapelplatz abladen und zum Kauf anbieten mussten.

Im späten Mittelalter wurden Weine üblicherweise länger gelagert, um sie auf diese Weise reifen zu lassen. Seit dem 14. Jahrhundert wurden durch neue Kellereitechniken besonders liebliche Sorten hergestellt, die als „gefeuerte" Weine bezeichnet wurden. Im 15. Jahrhundert wurde bei der Produktion zunehmend Schwefel eingesetzt, um den Wein zu stabilisieren. Beim Ausschenken von Wein achteten die Wirte oft darauf, den Wein aus der Mitte eines Fasses zu schöpfen, da dieser am besten schmecken würde. Es kam auch vor, dass Wein aus dem oberen Drittel eines Fasses teurer verkauft wurde, als Wein vom Boden, der länger oxidiert hatte.

Missbrauch und Betrug kamen nicht selten vor. So ist in mittelalterlichen Schriften von Tavernenwirten die Rede, die potenziellen Kunden vor dem Kosten des Weins stark gesalzenes Essen anboten, um den Wein schmackhafter erscheinen zu lassen.

Um den Geschmack und das Aussehen des Weines zu verändern, wurden unter anderem Schwefel, Milch, Senf, Waidasche, Eiweiß und Ton in den Wein gemischt, um ihn zu strecken. Selten wurden sogar fetter Speck, Schweineschwarten, Süßwurz oder andere ölige Stoffe hinzugegeben, was den Wein geschmacklich nachhaltig verfälschte. In Sebastian Brants „Narrenschiff" von 1494 wird der Betrug bei der Weinherstellung detailliert geschildert:

„Grosz falscheyt dut man mit jm treiben, salpeter, schwebel, dottenbein, weydesch, senff, milch, vil krut unrein, stost man [...] in das fasz"

("Man betreibt viel Betrug mir ihm, Salpeter, Schwefel, Knochen von Toten, Weidasche, Senf, Milch und viel unreines Kraut wird in das Fass gegeben")

Um derartigen Betrügereien und immer wieder auftretenden Qualitätsmängeln entgegenzuwirken und die Bevölkerung vor gesundheitsschädlichen Produkten zu schützen, wurden im 15. Jahrhundert in vielen Städten Gesetze beschlossen, die für grundlegende Standards im Weinhandel und der Weinproduktion sorgen sollten.

Heilende Gewürzweine

Die Geschmacksrichtungen der Weine reichten von süß bis säuerlich. Oft wurden zudem viele Weine mit verschiedenen Gewürzen versetzt, um einerseits ihre Statusfunktion zu heben und andererseits heilende Wirkungen zu erzielen. Diese Gewürzweine waren meist relativ süß und wurden nicht während der Mahlzeiten, sondern als Aperitif oder zum Nachtisch in sehr kleinen Mengen gereicht. Bereits im Alten Rom wurden Gewürzweine für ihre medizinische Wirkung geschätzt. Der meist zubereitete Gewürzwein war der aus Rotwein gemischte Hypocras.

Der Auswahl an Gewürzen war hierbei keinerlei Grenzen gesetzt. Man verwendete praktisch alle zugänglichen Kräuter und Gewürze die zur Verfügung standen. Man verwendete u.a. Nelken, Orangenblüten, Zimt, Kardamom, Majoran, Basilikum, Fenchel, Estragon, Muskatnuss, Pfeffer, Ingwer, Honig und Rohrzucker für die Zubereitung der verschiedensten Weine, die dadurch unterschiedliche Heilwirkungen haben sollten. Da die Anschaffung der genannten Zutaten im Mittelalter mit enormen Kosten verbunden war, konnten Gewürzweine nur von Angehörigen der Oberschicht konsumiert werden.

Der Vergleich zwischen diesen gewürzten Weinen des Mittelalters und unseren heutigen Glühweinen ist zwar naheliegend, jedoch nicht vollends gültig. Gewürzweine, wie Hypocras, Claret oder Orangenwein, unterscheiden sich in ihrer Qualität und ihren Aromen erheblich von jenen Getränken, die auf unseren Weihnachtsmärkten ausgeschenkt werden. Wer sich dem Selbsttest unterziehen möchte, ist herzlich dazu eingeladen, die in den folgenden Kapiteln angeführten Rezepte auszuprobieren.

II.
Klassische Rezepte

Salbeiwein

Benötigte Zutaten:
1 Liter trockener Weißwein, 2 TL Salbei, 100 ml Wodka, 90 g Zucker, Nelken, Lorbeerblätter;

Alle Zutaten in ein Gefäß geben, mit einem Deckel verschließen und rund einen Monat lang gären lassen. Gelegentlich können Sie den Wein umrühren, um die Gewürze zu verteilen. Nach Ende der Gärungszeit den Sud durch ein Sieb oder Tuch abseihen und in saubere Flaschen abfüllen. Am besten schmeckt Salbeiwein, wenn man ihn gekühlt serviert.

Geschichte und Heilwirkung

Die besondere Bedeutung von Salbei für die Medizin und Heilkunde wird schon allein durch einen Blick auf dessen Namensherkunft deutlich. „Salbei" leitet sich nämlich vom lateinischen Wort „*salvare*" (dt. heilen) ab.

Salbei galt von jeher als verdauungsfördernd und schweiß- bzw. entzündungshemmend, insbesondere bei Halsschmerzen. Darüber hinaus wirkt Salbei desinfizierend und antibakteriell und soll eine positive Wirkung auf Gehirn, Nervensystem und Augen ausüben. Schon Hildegard von Bingen schrieb dem Salbeiwein besondere Heilkräfte zu. Besonders betonte sie jedoch, dass er ein wirksames Mittel gegen Mundgeruch sei.

Orangenwein

Benötigte Zutaten:
1 Liter Weißwein oder Rosé, Schalen von 3-4 Orangen, 200 ml Wodka, 200 g Honig, 1 Zimtstange, Ingwer;

Orangen waschen und schälen. Die Schalen anschließend zusammen mit dem Ingwer und einer Zimtstange in den Wein geben und zwei bis drei Wochen lang in einem Gefäß ziehen lassen. Danach den Honig und den Wodka zugeben und anschließend durch ein Sieb oder Tuch abseihen. Den Wein in Flaschen füllen und reifen lassen. Da der Reifungsprozess lange dauert, entfaltet der Wein erst nach rund drei Monaten seinen vollen Geschmack.

Geschichte und Heilwirkung

Orangenwein galt als appetitanregend, antiinfektiös, abführend und kräftigend. Er fand vor allem Anwendung bei schwacher Verdauung und Blutträgheit, aber auch bei infektiösen Störungen, bei Alterserscheinungen sowie bei allgemeinen Schwächezuständen.

Orangen stammen ursprünglich aus dem Orient und waren zunächst eher sauer, vergleichbar mit heutigen Zitronen. Die süße Orangensorte wurde erst im 16. Jahrhundert durch die Portugiesen nach Europa gebracht. Aus den Anbaugebieten im Mittelmeerraum wurden diese damals noch exotischen Früchte auch in die Regionen nördlich der Alpen geliefert. Zitrusfrüchte waren im Mittelalter generell ein Luxusartikel der Oberschicht.

Hypocras

Benötigte Zutaten:
1 Liter Rotwein, 150 g Zucker, eine Stange Zimt, ein Stück Ingwer, 4 Nelken, 1 TL weißer Pfeffer;

Geben Sie den Wein zusammen mit dem Zucker in einen Kochtopf und erhitzen Sie diesen, bis sich der Zucker vollständig aufgelöst hat. Achten Sie dabei darauf, dass der Wein nicht zu kochen beginnt. Geben Sie anschließend die Gewürze hinzu und lassen Sie das Ganze für einige Stunden ziehen. Gelegentlich sollte der Wein umgerührt werden. Danach den Wein durch ein Tuch abseihen, um die Schwebestoffe zu entfernen, und in Flaschen füllen.

Geschichte und Heilwirkung

Hypocras war der bekannteste und beliebteste Gewürzwein des Mittelalters. Sein Name leitet sich vom griechischen Gelehrten und Mediziner Hippokrates (460 – 370 v. Chr.) ab.

Aus dem Mittelalter sind zahlreiche Rezepte und Anweisungen erhalten, die verschiedene Zubereitungsarten für Hypocras auflisten. Die verwendeten Gewürze waren vielseitig und keineswegs vorgeschrieben, deren Auswahl unterlag lediglich regionalen Unterschieden. Auf den Märkten boten Händler vielerorts fertige Gewürzmischungen an, die nur noch in den Rotwein gegeben werden mussten.

Claret

Benötigte Zutaten:
1 Liter Weißwein, ca. 200 ml Honig, 1 Zimtstange, 1 TL weißer Pfeffer, 1 EL Kardamom;

Erhitzen Sie den Wein mit dem Honig in einem Kochtopf. Sobald sich der Honig gut aufgelöst hat, geben Sie die Gewürze hinzu. Falls sich an der Oberfläche Schaum bildet, sollten Sie diesen abschöpfen. Anschließend den Wein in ein geeignetes Gefäß füllen und einen Tag lang abgedeckt gären lassen. Zum Schluss gießen Sie den Wein durch ein Tuch und füllen ihn in Flaschen. Der Claret ist zwar schon nach rund einem Monat fertig gereift, doch je länger man ihn in den Flaschen weiter gären lässt, umso besser wird das Endergebnis.

Geschichte und Heilwirkung

Claret war neben Hypocras der beliebteste Gewürzwein des Mittelalters. Der Name dieses Weins geht auf die lateinische Wendung „vinum claratum" zurück, was „klarer Wein" bedeutet.

Der Wert von Claret wird u.a. dadurch deutlich, dass er beispielsweise im spätmittelalterlichen Magdeburg bei einfachen Verlobungsfeierlichkeiten verboten wurde, da er zu kostbar dafür sei.

Fenchelwein

Benötigte Zutaten:
1 Liter Weißwein, 40 g Fenchelsamen (oder rund 10 Beutel Fencheltee), 100 ml Wodka, 100 g Honig;

Geben Sie den Weißwein mit dem Honig und dem Fenchel in einen Kochtopf und erhitzen diesen, bis der Honig völlig aufgelöst ist. Füllen Sie den Wein anschließend in ein geeignetes Gefäß und lassen Sie ihn abgedeckt für rund zwei Wochen gären. Danach den Wodka zugeben und durch ein Tuch abseihen. In saubere Flaschen abfüllen und gekühlt trinken.

Geschichte und Heilwirkung

Fenchelwein galt als appetitanregend, harntreibend, verdauungsfördernd und wundheilend. Hierfür ist das im Fenchel enthaltene Öl Anethol verantwortlich. Zudem wirkt sich Fenchelwein günstig auf Bronchitis, Heiserkeit, Nervenprobleme und Unterleibsbeschwerden aus.

Fenchel war ein wichtiger Bestandteil der mittelalterlichen Medizin. Neben den oben angeführten Krankheitsbildern wurde Fenchel auch für Augenspülungen verwendet. Für viele Gelehrte der Zeit galt Fenchel jedoch gleichzeitig auch als ein Mittel, dass zur Unkeuschheit verleiten würde, zumal der Konsum von Fenchel auch die männliche Potenz steigern würde.

Basilikumwein

Benötigte Zutaten:
1 Liter Weißwein, 150 g Basilikumblätter,
100 ml Wodka, 200 g Zucker;

Geben Sie den Weißwein mit den Basilikumblättern und dem Zucker in einen Kochtopf und erhitzen diesen, bis der Zucker völlig aufgelöst ist. Füllen Sie den Wein anschließend in ein geeignetes Gefäß und lassen Sie ihn abgedeckt rund einen Tag lang gären. Danach den Wodka zugeben und durch ein Tuch abseihen. In saubere Flaschen abfüllen und gekühlt trinken.

Geschichte und Heilwirkung

Basilikumwein galt als krampflösend und verdauungsfördernd sowie als hervorragendes Mittel gegen Schlaflosigkeit.

Ursprünglich stammt Basilikum aus Asien (vermutlich aus Indien) und wurde im Hochmittelalter in Europa eingeführt. Anfangs wurde er mit Argwohn betrachtet. Man sagte dem Gewürz beispielsweise nach, dass aus ihm giftige Skorpione schlüpfen würden. Erst im Spätmittelalter wurde Basilikum als Heilmittel vollständig anerkannt. So galt er beispielsweise als ein bedeutender Bestandteil verschiedener Arzneimittel gegen die Pest.

Estragonwein

Benötigte Zutaten:
1 Liter Weißwein, 150 g Estragonblätter,
120 ml Honig;

Geben Sie den Weißwein zusammen mit dem Estragon in ein geeignetes Gefäß und lassen Sie das Ganze abgedeckt rund eine Woche lang gären. Danach den Honig zugeben und aufkochen, bis der Honig aufgelöst ist. Danach durch ein Tuch abseihen. In saubere Flaschen abfüllen und gekühlt trinken.

Geschichte und Heilwirkung

Estragon galt als appetitanregend, stärkend, verdauungsfördernd, harntreibend, krampflösend sowie als gutes Mittel bei Erkältungsbeschwerden.

Schon im Alten Ägypten wurde Estragon zur Herstellung von Duftölen verwendet. Im antiken Griechenland wurde er als „drakos" bezeichnet und sogar für magische Zwecke verwendet.
In der arabischen Medizin wurde Estragon als Heilmittel gegen die Pest geschätzt. Ein Rezept aus dem 5. Jahrhundert empfiehlt eine Vermischung von Estragonsaft mit Wein zur Behandlung von Blasenentzündung. Nach Mitteleuropa kam die Estragonpflanze erst am Ende des 13. Jahrhunderts.

III.
Moderne Cocktailvariationen

Hugo de Payns

Benötigte Zutaten:
6 cl Prosecco, 4 cl Orangenwein,
1 Spritzer Sodawasser, 1 Scheibe Orange;

Für den „*Hugo de Payns*" geben Sie zunächst zwei Eiswürfel in ein Glas und geben den gekühlten Prosecco und Orangenwein (nach beschriebenem Rezept) sowie einen Spritzer Soda hinzu. Um den Geschmack zu variieren, kann nach Belieben auch ein Schuss Holundersirup und eine Scheibe Zitrone hinzugegeben werden.

Hugo de Payns (1070 - 1136)
Der franz. Adelige Hugo de Payns war Mitbegründer des Templerordens und bis zu seinem Tod im Jahre 1136 dessen erster Großmeister.

Hildegards Vision

Benötigte Zutaten:
3 cl Salbeiwein, 1 cl Wodka, 3 cl Apfelsaft,
2 cl Holundersaft, 1 cl Birnensaft;

Für „*Hildegards Vision*" geben Sie die angegebenen Zutaten mit ein paar Eiswürfeln in einen Shaker und schütteln den Drink ca. eine halbe Minute lang kräftig durch. (Alternativ können die Zutaten auch verrührt werden.) Anschließend den Inhalt in ein Glas geben und mit einem Trinkhalm servieren.

Hildegard von Bingen (1098-1179)
Die Benediktineräbtissin Hildegard wird bis heute für ihre wissenschaftliche Tätigkeit und ihre Schriften verehrt. Ab 1141 wurde sie von Visionen heimgesucht, die sie schriftlich festhielt.

Carolus Magnus

Benötigte Zutaten:
4 cl Orangenwein, 2 cl Zitronensaft,
2 TL brauner Zucker, gekühltes Mineralwasser;

Für diesen Cocktail geben Sie zwei Eiswürfel in ein Glas. Danach den Orangenwein, den Zitronensaft sowie den Zucker hinzugeben und verrühren. Anschließend das Ganze mit Mineralwasser aufgießen.

Karl der Große (747-814)
Der Frankenkönig Karl der Große war eine der bedeutendsten Herrschergestalten des Mittelalters. Er baute das Frankenreich zur Hauptmacht in Europa aus und wurde im Jahre 800 durch den Papst in Rom zum Kaiser gekrönt.

Barbarossa

Benötigte Zutaten:
3 cl Hypocras, 1 cl Orangenwein,
2-3 Orangenscheiben, 2 cl Orangensaft,
2 cl Ananassaft, 2 cl Pfirsichsaft,
1 cl Limettensaft, Grenadine;

Zunächst ein Weinglas zur Hälfte mit Crushed Ice und den Orangenscheiben füllen. Danach geben Sie die restlichen Zutaten in einen Shaker und schütteln den Drink ca. eine halbe Minute lang kräftig durch. (Alternativ können auch hier die Zutaten verrührt werden.) Mit einem Trinkhalm servieren.

Friedrich I. Barbarossa (1122-1190)
Der Staufer wurde 1155 zum Kaiser des Heiligen Römischen Reiches gekrönt. 1189 brach er zum Dritten Kreuzzug auf, starb jedoch auf dem Weg ins Heilige Land beim Baden im Fluss Saleph im Süden der heutigen Türkei.

Divina Commedia

Benötigte Zutaten:
3 cl Claret, 2 cl Grappa, 3 cl Apfelsaft,
3 cl Traubensaft, 1 cl Limettensaft;

Für den „*Divina Commedia*" vermischen Sie alle Zutaten in einem Shaker. Danach Eiswürfel in ein Cocktailglas geben und den Inhalt des Shakers hinzugeben. Mit Trinkhalm servieren.

Dante Alighieri (1265-1321)
Dante gilt als der bedeutendste italienische Dichter des späten Mittelalters. Seine „Divina Commedia" („Göttliche Komödie") ist bis heute ein wichtiges Werk der Weltliteratur.

Lionheart

Benötigte Zutaten:
4 cl Orangenwein, 1 Schuss Kirschsaft
6 cl Prosecco, 1 Scheibe Zitrone;

Den Orangenwein und Kirschsaft in ein mit Eiswürfeln gefülltes Glas geben. Nun mit Prosecco auffüllen und verrühren. Mit einem Trinkhalm und einer Scheibe Zitrone servieren.

Richard I. Löwenherz (1157-1199)
Der englische König Richard I. nahm am Dritten Kreuzzug teil. Auf dem Rückweg wurde er in Österreich durch die Männer Herzog Leopolds V. gefangen genommen und erst durch eine enorme Lösegeldzahlung freigelassen.

Joan the Maid

Benötigte Zutaten:
9 cl Claret, 6 cl Wasser, 1 TL Puderzucker,
2 TL Rum, 2 Zitronenscheiben;

Vermischen Sie alle Zutaten in einem Shaker. Danach Eiswürfel in ein Cocktailglas geben und den Inhalt des Shakers hinzugeben. Mit Trinkhalm servieren.

Jeanne d´Arc (1412-1431)
Die später heiliggesprochene Johanna von Orléans führte das französische Heer König Karls VII. erfolgreich im Kampf gegen die Engländer an. Sie geriet 1431 in englische Gefangenschaft und wurde als Hexe verbrannt.

Marco Polo

Benötigte Zutaten:
9 cl Claret, 4 cl Ananassaft,
4 cl Orangensaft, 1 cl Pfirsichsaft,
1 EL Zitronensaft, 1 Scheibe Limette;

Zunächst ein Cocktailglas zur Hälfte mit Crushed Ice füllen. Danach die Säfte zugeben und anschließend mit Claret aufgießen. Mit der Limettenscheibe und einem Trinkhalm servieren.

Marco Polo (1254-1324)
Der Händlersohn aus Venedig reiste 1271 mit seinem Vater und seinem Onkel nach China. Als er nach seiner Rückkehr in genuesische Kriegsgefangenschaft geriet, ließ er seine Erlebnisse in Asien niederschreiben.

Leif Erikssons Punsch

Benötigte Zutaten:
500 ml Orangenwein, 60 ml Rum,
300 ml Wasser, 80 g brauner Zucker,
1 Stange Zimt, 2 Zitronen, 8 Orangen;

Orangen und Zitronen auspressen. Dann den Saft zusammen mit dem Orangenwein und dem Wasser in einem Kochtopf erhitzen. Nach ein paar Minuten den Zucker, die Zimtstange und den Rum hinzugeben. Eine halbe Stunde bei geringer Hitze ziehen lassen. In Tassen oder Gläser füllen.

Leif Eriksson (970-1020)
Der Wikinger Leif Eriksson gilt als eigentlicher Entdecker des amerikanischen Kontinents, den er mit seinen Männern um das Jahr 1000 erreicht haben soll.

Weiterführende Literatur

Wolfgang Bauer, Lexikon der Symbole, 7. Aufl. (Wiesbaden, 1985).

Enzyklopädie des Mittelalters, Bd. 2. (Darmstadt, 2008).

Hannele Klemettilä, Das Mittelalter Kochbuch, Mit vielen farbigen Abbildungen und über 60 Rezepten zum Nachkochen.(Köln, 2003)

Harry Kühnel, Alltag im Spätmittelalter, 3.Aufl. (Graz, Wien, 1986).

Lexikon des Mittelalters, Bd.8. (München, 1997).

Anne Schulz, Essen und Trinken im Mittelalter (1000 - 1300), Literarische, kunsthistorische und archäologische Quellen. (Berlin, 2011).

Barbara Weiter-Matysiak, Weinbau im Mittelalter, Geschichtlicher Atlas der Rheinlande Beiheft VII. (Köln, 1985).